나중까지 아주 나중까지　直到后來的后來

나태주 罗泰柱 시인

1945년 충남 서천에서 출생하여 공주사범학교를 졸업하고 1964년부터 초등학교 교사로 43년 동안 일하며 살았다. 2007년 공주 장기초등학교 교장으로 정년퇴직하며 황조근정훈장을 받았다.

1971년도 〈서울신문〉 신춘문예에 시가 당선되어 시인이 되었으며, 1973년에 출간한 첫 시집 『대숲 아래서』를 시작으로 다수의 시집, 산문집, 동화집, 시화집 등을 발간하였다.

흙의문학상, 충남문화상, 현대불교문학상, 시와시학상, 편운문학상, 박용래문학상, 정지용문학상, 유심작품상, 한국시인협회상, 고운문화상, 공초문학상, 김삿갓문학상, 소월시문학상, 김달진문학상. 윤동주문학대상 등 다수의 문학상을 받았다.

충남문인협회장, 충남시인협회장, 공주문인협회장, 한국시인협회 심의위원장, 공주녹색연합 초대대표, 공주문화원장, 충남문화원연합회장 등을 역임했으며, 2020년 제43대 한국시인협회장을 역임하였다.

현재는 나태주 풀꽃문학관을 설립·운영 중이며 풀꽃문학상, 해외풀꽃시인상을 제정·시상하고, 신석초문학상 운영위원장, 공주문학상 운영위원장의 일도 맡고 있다.

나태주 애송시집
나중까지 아주 나중까지

罗泰柱诗集·钟爱吟诵本
直到后來的后來

도서출판 문화의힘

| 시인의 말 |

귀엽고 사랑스런 시집

이 시집 『나중까지 아주 나중까지』는 아주 작은 책이지만 귀엽고 사랑스런 책입니다. 내가 쓴 시 가운데서도 귀엽고 사랑스런 시들만 모아서 낸 시집이기 때문입니다.

그런 시집을 한국으로 와서 사시는 중국분들이 모여 중국말로 번역하여 당신네들 말로 읽고 싶다고 해서 그래도 좋겠다 했는데 이렇게 예쁜 책으로 다시 태어나게 되었습니다. 여전히 기쁘고 감사한 일입니다.

시의 마음은 중국분들이나 한국분들이나 매우 비슷합니다. 아닙니다. 시에서는 중국 분들과 한국 분들의 마음이 많이 닮아있습니다. 특히 '당시唐詩'는 오랫동안 한국시의 모범이 되었고 길잡이가 되었습니다. 거기서 나온 것이 한국의 시조입니다.

실상 나의 시 「풀꽃」도 당시 공부와 시조 공부의 결과에서 나온 작품입니다. 뿐더러 나는 시 공부할 때 일본 시가인 하이쿠 공부도 열심히 했습니다. 나의 시 「풀꽃」은 중국의 한시와 한국의 시조와 일본의 하이쿠 합작품이라 할 것입니다.

  다시 한 번 이 시집을 읽어주실 한국에 사는 중국인 출신 독자분들께 감사드리고 그분들의 마음에 가 닿아 꽃이 되고 샘물이 되고 위로의 손길이 되기를 소망합니다.(가능하면 이 시집이 중국 본토에도 나아가 중국 본토 분들에게도 읽히는 시집이기를 소망합니다.)

2025년 초가을
나태주 씁니다.

诗人的序言

小巧可爱且富有爱意的诗集

虽然《直到后来的后来》只是薄薄的一小本,却是一部可爱动人的诗集。因为其收录的,都是我所写的那些可爱、有爱的诗。

有几位在韩国生活的中国朋友聚在一起,表示希望将这本诗集翻译成中文,供大家阅读。我听后觉得很好,而今,这本诗集竟真的以如此美丽的面貌重新诞生,令我无比欣喜、感激。

无论是中国人还是韩国人,以诗传情有很多相似之处。不是,更确切来讲,在诗歌中,中韩两国人民的心灵有着很多共鸣之处。特别是唐诗,长期以来一直是韩国诗歌的典范和指引。韩国的时调便是从中发展而来的。

实际上，我所创作的《草花》正是在学习唐诗与时调的过程中诞生的作品。不仅如此，我在学习诗歌时，也曾深入研究过日本的俳句。因此，可以说《草花》是中国汉诗、韩国时调和日本俳句共同孕育的结晶。

在此，我要再次向那些生活在韩国的华语圈读者朋友们，表示由衷的感谢。衷心地希望这本诗集能触动你们的内心，成为一朵盛开的花、一泓清泉、一只慰藉心灵的手。如果有机会，我也衷心希望这本诗集能够走进中国，走进更多中文读者的视野，被更多的读者所阅读和喜爱。

罗泰柱
2025年 初秋

| 기획자의 말 |

만남

모든 일은 만남에서 시작됩니다. 나와 너의 만남. 그 최초의 시작은 저와 나태주 시인의 「풀꽃·1」과의 만남이었습니다.

자세히 보아야/ 예쁘다// 오래 보아야/ 사랑스럽다// 너도 그렇다.

어디서 어떻게 이 시를 처음 읽었는지는 기억이 분명치 않지만 시를 처음 읽었을 때의 느낌은 아직도 생생합니다. 특히 마지막 구절 '너도 그렇다'의 느낌은 강렬했습니다. 그러면서 문장은 제 마음에 깊은 물음을 남겼습니다. '나도 그럴까?'

두 번째 만남은 중국 출신 결혼이주여성들과의 만남이었습니다. 2021년 경기도외국인인권지원센터(현 경기도이민사회통합지원센터)에서 맡게 된 '심리상담통역사 양성 교육'에서 중국 여성 여섯 분을 만나게 되었습니다.

뜻밖에도 수강생 몇 분께서 시를 좋아한다는 말을 들었고 나아가 나태주 시인의 시를 좋아한다는 말을 들었습니다. 그런 뒤, 강연장에서 나태주 시인을 직접 만났고 한국 거주 중국 여성들이 얼마나 시를 좋아하는지 이야기를 듣고는 『나중까지 아주 나중까지』라는 조그만 시집을 우편으로 보내주셨습니다. 시인이 선물로 주신 시집을 중국 여성들과 함께 읽으며 시를 번역

하기 시작했습니다. 일주일에 한 번씩 온라인으로 만나 각자가 미리 번역해 온 시를 함께 읽고 어색한 표현은 고치며 더 나은 번역을 찾아가는 과정은 말 그대로 '황홀'한 경험이었습니다.

그렇게 시집에 실린 72편의 시를 모두 번역하는 데 22개월이 걸렸습니다. 번역 작업이 끝난 후에도 아이들은 매주 목요일 밤이면 묻습니다. "엄마, 오늘은 풀꽃 없어요?"

여러 가지 일로 분주하게 살아가는 우리였기에, 조각난 시간을 모아 시를 읽고 번역하고 다듬는 일은 결코 쉽지 않았습니다. 때로는 퇴근 후 밥 먹을 틈도 없이 컴퓨터 앞에 앉아 번역을 했고, 때로는 주방에서 아이에게 줄 만두를 빚으며 번역 토론에 참여하기도 했습니다. 그 모든 일이 가능했던 것은 원시原詩가 주는 감동이 컸고, 그것이 중국어로 번역되었을 때 더 큰 감동이 되었기 때문입니다. 무엇보다 우리가 먼저 느낀 이 감동을 고국에 있는 가족 친구들에게 전하고 싶다는 간절함이 있었기에 가능했던 일이었습니다.

이중언어로 기획된 『나중까지 아주 나중까지』는 단순한 원문과 번역문의 대조가 아닙니다. 한국어와 중국어, 각 언어의 고유한 아름다움을 살렸습니다. 이 책이 이중언어를 사용하는 다문화 가정, 국내의 중국어 학습자, 중화권의 한국어 학습자, 나아가 중국어 독자에게 큰 기쁨이 되기를 바랍니다.

2025년 9월
세종에서 중국어 통번역사 박지영

| 企划者的序言 |

相遇

一切都始于一场相遇。我与你的相遇,最初的起点是我与诗人罗泰柱所写的《草花·1》的邂逅。

细观/ 知其美/ 久品/ 解其意// 君亦如此。

我已记不清是在何时何地初次读到这首诗,但那一刻的悸动,至今仍是那么清晰。尤其是最后一句"君亦如此",直叩我心门。就这短短几行,却在我心中种下了一个挥之不去的疑问:"我也会这样吗?"

第二次的相遇是与一群来自中国的婚姻移住女性。2021年,在京畿道外国人人权支援中心(现为京畿道移民社会融合支援中心)举办的心理咨询翻译师培训课程中,我担任讲师,并在那里认识了六位来自中国的女性。

没想到,其中几位竟说她们喜欢诗歌,尤其喜爱罗泰柱诗人的诗作。后来,我在一次讲座上见到了罗泰柱诗人本人。得知在韩国的中国女性如此热爱诗歌后,他特地寄来了他的小小诗集《直到后来的后来》。

于是,我便与那六位中国女性开始一起翻译这本诗人赠送的小诗选集。我们每周在线聚会一次,朗诵事先翻译好的诗作,修改不自然的表达,寻找更优美的句子。那个过程可以说是一段灿烂而愉悦的经历。

完成这本诗集里的72首诗，我们整整花了22个月。以至于直到现在，每到周四晚上，我的孩子们仍会问今天有没有草花。

对于我们这些既要忙于工作又要兼顾家庭的女性而言，要挤出零碎时间来阅读、翻译并打磨诗句，并非易事。有时下班回家连饭都顾不上吃，就坐在电脑前修改译文；有时一边在厨房给孩子们包饺子，一边参与译文修改的讨论。

之所以能够坚持到最后，是因为原诗深深触动了我们的内心。而当那些诗句被翻译成中文时，那份感动变得愈加浓烈。更重要的是，我们心中都有一份强烈的渴望——将这份切身经历的感动，传递给远在故乡的亲人与朋友。

作为一本双语诗集，《直到后来的后来》不仅将原诗与译文对照呈现，更展现了韩语与汉语两种语言各自具有的独特魅力。我衷心希望，这本书能为双语多文化家庭、在韩中文学习者、华语地区的韩语学习者、以及广大中文读者带来更多的共鸣。

2025年 9月
韩国世宗市中文翻译朴池英

| 차례 |

■ 시인의 말

■ 기획자의 말

내가 너를 我对你 ················· 16
사는 법 活法 ··················· 18
사랑에 답함 爱的解答 ············· 20
네 앞에서 在你面前 ··············· 22
내일도 明日亦如此 ··············· 24
풀꽃 草花 ···················· 26
꽃·1 花·1 ···················· 28
꽃·2 花·2 ···················· 30
꽃·3 花·3 ···················· 32
한 사람 건너 经过一个人 ············ 34
살아갈 이유 活下去的理由 ··········· 36
개양귀비 虞美人 ················· 38
좋다 好呀 ···················· 40
응원 加油 ···················· 42
첫눈 初雪 ···················· 44
혼자서 独自 ··················· 46
꽃들아 안녕 花儿们, 你们好 ·········· 48
좋은 날 好日子 ················· 50

너를 두고 为你 ················· 52

여행 旅行 ················· 54

끝끝내 终究 ················· 56

여행의 끝 旅途的终点 ················· 58

꽃그늘 花荫 ················· 60

황홀 극치 灿烂无比 ················· 62

목련꽃 낙화 木兰花落 ················· 66

그 말 那句话 ················· 70

묘비명 墓志铭 ················· 72

너도 그러냐 你也这样 ················· 74

이 가을에 在这个秋 ················· 78

사랑하는 마음 내게 있어도 即使我心中有爱 ········ 80

그래도 依然 ················· 84

선물 礼物 ················· 86

시 诗 ················· 88

멀리서 빈다 远方的祈愿 ················· 90

나무 树 ················· 92

행복 幸福 ················· 94

| 차례 |

별리 别离 ····· 96
안부 问候 ····· 98
부탁 叮咛 ····· 100
아름다운 사람 佳人 ····· 102
비단강 锦江 ····· 104
그리움·1 思念·1 ····· 106
그리움·2 思念·2 ····· 108
3월 三月 ····· 110
11월 十一月 ····· 114
바람에게 묻는다 问风 ····· 116
지상에서의 며칠 人生在世, 弹指一挥间 ····· 118
오늘도 그대는 멀리 있다 今天你依旧遥远 ····· 120
기도 祈祷 ····· 122
들길을 걸으며 走在田间小路上 ····· 126
내가 사랑하는 계절 我最爱的季节 ····· 130
화이트 크리스마스 白色圣诞节 ····· 134
꽃 피우는 나무 花开的树 ····· 138
추억 回忆 ····· 142
돌멩이 小石子 ····· 144

꽃잎 花瓣 ······146
뒷모습 背影 ······148
산수유꽃 진 자리 山茱萸花凋落的地方 ······152
기쁨 喜悦 ······154
멀리까지 보이는 날 遥望远方的日子 ······156
바람이 붑니다 起风了 ······160
들국화·1 野菊花·1 ······162
들국화·2 野菊花·2 ······166
사는 일 生活 ······168
너무 그러지 마시어요 请不要这样过分 ······174
대숲 아래서 竹林下 ······176
가을 서한 秋天的书信 ······180
배회 徘徊 ······184
아끼지 마세요 请不要吝惜 ······190
오늘의 약속 今天的约定 ······194
바로 말해요 就现在说 ······198
자기를 함부로 주지 말아라 不要放任自己 ······202

내가 너를

내가 너를
얼마나 좋아하는지
너는 몰라도 된다

너를 좋아하는 마음은
오로지 나의 것이요,
나의 그리움은
나 혼자만의 것으로도
차고 넘치니까……

나는 이제
너 없이도 너를
좋아할 수 있다.

我对你

我有多么
喜欢你
你无需知道

喜欢你的心
只属于我自己
仅我对你的思念
足以溢满……

如今的我
即使不能拥有你
也依然能够喜欢你。

사는 법

그리운 날은 그림을 그리고
쓸쓸한 날은 음악을 들었다

그리고도 남는 날은
너를 생각해야만 했다.

活法

思念的日子画幅画
寂寞的日子听首歌

其余的日子
只能想着念着你。

사랑에 답함

예쁘지 않은 것을 예쁘게
보아주는 것이 사랑이다

좋지 않은 것을 좋게
생각해주는 것이 사랑이다

싫은 것도 잘 참아주면서
처음만 그런 것이 아니라

나중까지 아주 나중까지
그렇게 하는 것이 사랑이다.

爱的解答

即使不美的
也会视为美的
是爱

即使不好的
也想成好的
是爱

即使讨厌
也愿意包容
不仅最初如此

直到后来的后来
那就是爱。

네 앞에서

이상한 일이다
네 앞에서는 이야기가
엉뚱한 방향으로 나간다
기분 좋은 이야기를 하려고 했는데
기분 나쁜 이야기가 되고
사과하는 이야기를 하고 싶었는데
화를 내는 이야기가 되고 만다
공연히 허둥대고 서둔다
내 마음을 속이고 포장하고
엉뚱한 표정을 짓고 엉뚱한 말을 한다
내가 하려던 말은 무엇이었을까?
정말로 내가 하고 싶었던 이야기를 네가
알아들을 수 있었다면 얼마나 좋을까?
이것은 참 어림도 없는 욕심이고 바램이다.

在你面前

真奇怪!
在你面前所说的
从不着边际
想说些开心的
却说成了不开心的
本来想道歉
结果却发了火
莫名地慌张
伪装起自己的真心
摆出莫名其妙的表情
说着些言不由衷的话
我到底想说些什么
你若能懂我的真心
该有多好啊!
这只不过是一个奢望。

내일도

날마다 보고 싶다
다만 그립다

날마다 생각난다
안절부절

내일도 그럴 것이다
다만 잊지 않을 것이다.

明日亦如此

日日想见
唯有想念

日日追忆
坐立不安

明日亦如此
只念不相忘。

풀꽃

1
자세히 보아야
예쁘다

오래 보아야
사랑스럽다

너도 그렇다.

2
이름을 알고 나면 이웃이 되고
색깔을 알고 나면 친구가 되고
모양까지 알고 나면 연인이 된다
아, 이것은 비밀.

3
기죽지 말고 살아봐
꽃 피워 봐
참 좋아.

草花

1
细观知其美

久品解其意

君亦如此。

2
知其名便成其邻
知其色便成其友
知其形便成其偶
嘘,这是秘密。

3
别气馁,好好活着
试着绽放吧
真的很好。

꽃·1

다시 한 번만 사랑하고
다시 한 번만 죄를 짓고
다시 한 번만 용서를 받자

그래서 봄이다.

花·1

最后再爱一次
最后再错一次
最后再乞求原谅一次

这便是春天。

꽃·2

예쁘다는 말을
가볍게 삼켰다

안쓰럽다는 말을
꿀꺽 삼켰다

사랑한다는 말을
어렵게 삼켰다

섭섭하다, 안타깝다,
답답하다는 말을 또 여러 번
목구멍으로 넘겼다

그리고서 그는 스스로 꽃이 되기로 작정했다.

花·2

轻轻地咽下了
"漂亮"这句话

一口吞下了
"心疼"这句话

好不容易强忍住
"我爱你"这句话

一次次地
又将不舍、惋惜、郁闷这些话
吞进喉咙里

然后他决心化身为一朵花。

꽃·3

예뻐서가 아니다
잘나서가 아니다
많은 것을 가져서도 아니다
다만 너이기 때문에
네가 너이기 때문에
보고 싶은 것이고 사랑스런 것이고 안쓰러운 것이고
끝내 가슴에 못이 되어 박히는 것이다
이유는 없다
있다면 오직 한 가지
네가 너라는 사실!
네가 너이기 때문에
 소중한 것이고 아름다운 것이고 사랑스런 것이고 가득한
것이다
 꽃이여, 오래 그렇게 있거라.

花·3

不是因为漂亮

不是因为出众

也不是因为拥有很多

只因为是你

因为你就是你

令人想念,讨人喜爱,招人心疼

最终成了扎在心里的一颗钉

没有理由

如果有,也只有一个

因为你就是你!

才珍贵、美丽、讨人喜爱且更充实

花儿,愿你永不凋零。

한 사람 건너

한 사람 건너 한 사람
다시 한 사람 건너 또 한 사람

애기 보듯 너를 본다

찡그린 이마
앙다문 입술
무슨 마음 불편한 일이라도
있는 것이냐?

꽃을 보듯 너를 본다.

经过一个人

经过一个人,又一个人
再经过一个人,又一个人

像看宝贝一样看着你

微蹙的额头
紧闭的嘴唇
是有烦心事吗?

像看花儿一样看着你。

살아갈 이유

너를 생각하면 화들짝
잠에서 깨어난다
힘이 솟는다

너를 생각하면 세상 살
용기가 생기고
하늘이 더욱 파랗게 보인다

너의 얼굴을 떠올리면
나의 가슴은 따뜻해지고
너의 목소리 떠올리면
나의 가슴은 즐거워진다

그래, 눈 한 번 질끈 감고
하나님께 죄 한 번 짓자!
이것이 이 봄에 또 살아갈 이유다.

活下去的理由

一想起你
就会乐醒
充满活力

一想起你
就有活下去的勇气
天空变得更加湛蓝

一想起你的脸庞
我的心就会变暖
一想起你的声音
我的心情就会愉悦

好吧,闭上眼睛
冒犯一次上帝吧!
这就是这个春天也能活下去的理由。

개양귀비

생각은 언제나 빠르고
각성은 언제나 느려

그렇게 하루나 이틀
가슴에 핏물이 고여

흔들리는 마음 자주
너에게 들키고

너에게로 향하는 눈빛 자주
사람들한테도 들킨다.

虞美人

想法总是来得很快
而觉醒总是来得太慢

就这样过了一天,两天
满腹苦水

摇摆不定的心
经常被你发现

偷瞄你的眼神
经常被别人发现。

좋다

좋아요
좋다고 하니까 나도 좋다.

好呀

好呀!
因为你说好,所以我也好呀。

응원

오늘부터 나는
너를 위해 기도할 거야
네가 바라고 꿈꾸는 것을
이룰 수 있도록
그날이 올 때까지
기도하는 사람이 될 거야.

加油

从今天起
我要为你祈祷
愿你所盼所想成真
直到实现为止
我会一直为你祈祷。

첫눈

요즘 며칠 너 보지 못해
목이 말랐다

어제 밤에도 깜깜한 밤
보고 싶은 마음에
더욱 깜깜한 마음이었다

몇날 며칠 보고 싶어
목이 말랐던 마음
깜깜한 마음이
눈이 되어 내렸다

네 하얀 마음이 나를
감싸 안았다.

初雪

最近几天没见你
甚是渴望

昨晚又是一个漆黑的夜晚
想念你的心
更加黯然

几天几夜都在想念你
渴望你的心
黯淡的心
变成了雪,飘然落下

你洁白的心灵
拥抱了我。

혼자서

무리지어 피어 있는 꽃보다
두 셋이서 피어 있는 꽃이
도란도란 더 의초로울 때 있다

두 셋이서 피어 있는 꽃보다
오직 혼자서 피어있는 꽃이
더 당당하고 아름다울 때 있다

너 오늘 혼자 외롭게
꽃으로 서 있음을 너무
힘들어 하지 말아라.

独自

比起百花齐放

花开两三朵

有时更显得情谊浓浓

比起花开两三朵

唯有一枝独秀

有时更显得自信、美丽

今天你作为一朵花

独自绽放

别太为难自己了。

꽃들아 안녕

꽃들에게 인사할 때
꽃들아 안녕!

전체 꽃들에게
한꺼번에 인사를
해서는 안 된다

꽃송이 하나하나에게
눈을 맞추며
꽃들아 안녕! 안녕!

그렇게 인사함이
백번 옳다.

花儿们,你们好

向花儿打招呼时
花儿们,你们好!

一下子向所有花儿
打招呼
可不行

与每朵花对视着
"花儿,你好!你好!"

这样打招呼
万无一失。

좋은 날

하고 싶은 일을 하니 좋고
하고 싶지 않은 일을 하지 않으니
더욱 좋다.

好日子

能做自己想做的事儿真好
不用做自己不想做的事儿
更好。

너를 두고

세상에 와서
내가 하는 말 가운데서
가장 고운 말을
너에게 들려주고 싶다

세상에 와서
내가 가진 생각 가운데서
가장 예쁜 생각을
너에게 주고 싶다

세상에 와서
내가 할 수 있는 표정 가운데
가장 좋은 표정을
너에게 보이고 싶다

이것이 내가 너를
사랑하는 진정한 이유
나 스스로 네 앞에서 가장
좋은 사람이 되고 싶은 소망이다.

为你

来到这个世上
想把我所有言语中
最动听的说给你听

来到这个世上
想把我所有思绪中
最美好的留给你

来到这个世上
想把我能做到的表情中
最温柔的展现给你看

这就是
我爱你的真正理由
希望在你面前
做最好的自己。

여행

떠나 온 곳으로 다시는
돌아갈 수 없다는 걸 알기까지는
많은 시간이 필요했다.

旅行

直到明白
无法再回到离开的那个地方
用了太久太久。

끝끝내

너의 얼굴 바라봄이 반가움이다
너의 목소리 들음이 고마움이다
너의 눈빛 스침이 끝내 기쁨이다

끝끝내

너의 숨소리 듣고 네 옆에
내가 있음이 그냥 행복이다
이 세상 네가 살아있음이
나의 살아 있음이고 존재이유다.

终究

看到你的脸便很欢喜
听到你的声音便很感激
与你眼神交错的瞬间尽是欣喜

终究

听着你的呼吸声
只是在你身边就很幸福
这世上有你在
是我活着存在的理由。

여행의 끝

어둔 밤길 잘 들어갔는지?

걱정은 내 몫이고
사랑은 네 차지

부디 피곤한 밤
잠이나 잘 자기를…….

旅途的终点

夜路漆黑,你是否已安全到家?

担心由我来承受
爱由你来拥有

疲惫的夜晚
愿你睡个好觉……

꽃그늘

아이한테 물었다

이담에 나 죽으면
찾아와 울어줄 거지?

대답 대신 아이는
눈물 고인 두 눈을 보여주었다.

花荫

我问孩子

如果以后我死了
你会来为我哭吧?

孩子用满含泪水的双眼
代替了回答。

황홀 극치

황홀, 눈부심
좋아서 어쩔 줄 몰라 함
좋아서 까무러칠 것 같음
어쨌든 좋아서 죽겠음

해 뜨는 것이 황홀이고
해 지는 것이 황홀이고
새 우는 것 꽃 피는 것 황홀이고
강물이 꼬리를 흔들며 바다에
이르는 것 황홀이다

그렇지, 무엇보다
바다 울렁임, 일파만파, 그곳의 노을,
빠져 죽어버리고 싶은 충동이 황홀이다

아니다, 내 앞에
웃고 있는 네가 황홀, 황홀의 극치다

灿烂无比

灿烂，耀眼
高兴得不知所措
高兴得快要晕厥似的
反正高兴极了

日出是灿烂的
日落是灿烂的
鸟儿叫，花儿笑，是灿烂的
江河摇摆着尾巴，汇入大海
是灿烂的

对吧，无论如何
大海波澜起伏，一波未平一波又起，那里的晚霞
灿烂得让人生出想要淹死在那儿的冲动

不，在我面前
微笑的你才是灿烂的，灿烂无比

도대체 너는 어디서 온 거냐?
어떻게 온 거냐?
왜 온 거냐?
천 년 전 약속이나 이루려는 듯.

你到底来自哪儿?
如何而来?
又为何而来?
似乎是来兑现千年前的约定。

목련꽃 낙화

너 내게서 떠나는 날
꽃이 피는 날이었으면 좋겠네
꽃 가운데서도 목련꽃
하늘과 땅 위에 새하얀 꽃등
밝히듯 피어오른 그런
봄날이었으면 좋겠네

너 내게서 떠나는 날
나 울지 않았으면 좋겠네
잘 갔다 오라고 다녀오라고
하루치기 여행을 떠나는 사람
가볍게 손 흔들듯 그렇게
떠나보냈으면 좋겠네

그렇다 해도 정말
마음속에서는 너도 모르게
꽃이 지고 있겠지
새하얀 목련꽃 흐득흐득

木兰花落

你离开我的那天
希望是个花开的日子
花中的木兰
如天地之间点亮洁白花灯那般
绽放的春日该多好

你离开我的那天
希望我不要哭泣
如果可以
说着平安归来
就像跟要去旅行一天的人轻轻挥别那样
让你离开该多好

即便如此
内心深处不知不觉地
花儿在凋落
洁白的木兰花,呜呃呜呃

울음 삼키듯 땅바닥으로
떨어져 내려앉겠지.

强忍着啜泣
花落满地。

그 말

보고 싶었다
많이 생각이 났다

그러면서도 끝까지
남겨두는 말은
사랑한다
너를 사랑한다

입속에 남아서 그 말
꽃이 되고
향기가 되고
노래가 되기를 바란다.

那句话

想你
真的很想你

即便如此
直到最后
都没能说出口的那句话
爱你
我爱你

没能说出口的那句话
希望它能化成一朵花
一缕芬芳
一首歌。

묘비명

많이 보고 싶겠지만
조금만 참자.

墓志铭

虽然非常得想念
但稍微忍一忍吧。

너도 그러냐

나는 너 때문에 산다

밥을 먹어도
얼른 밥 먹고 너를 만나러 가야지
그러고
잠을 자도
얼른 날이 새어 너를 만나러 가야지
그런다

네가 곁에 있을 때는 왜
이리 시간이 빨리 가나 안타깝고
네가 없을 때는 왜
이리 시간이 더딘가 다시 안타깝다

멀리 길을 떠나도 너를 생각하며 떠나고
돌아올 때도 너를 생각하며 돌아온다
오늘도 나의 하루해는 너 때문에 떴다가
너 때문에 지는 해이다

你也这样

我因你而活着

吃饭时
就想快点吃完了去见你
睡觉时
就盼天快点亮了去见你
就这样

你在我身边时
总是叹惜时间过得太快
你不在我身边时
又总是叹惜时间过得太慢

远行时想着的是你
归来时想着的依旧是你
今天我的太阳因你而升起
又因你而落下

너도 나처럼 그러냐?

你也像我这样吗?

이 가을에

아직도 너를
사랑해서 슬프다.

在这个秋

因依然还爱着你
而伤感。

사랑하는 마음 내게 있어도

사랑하는 마음
내게 있어도
사랑한다는 말
차마 건네지 못하고 삽니다
사랑한다는 그 말 끝까지
감당할 수 없기 때문

모진 마음
내게 있어도
모진 말
차마 하지 못하고 삽니다
나도 모진 말 남들한테 들으면
오래오래 잊혀지지 않기 때문

외롭고 슬픈 마음
내게 있어도
외롭고 슬프다는 말
차마 하지 못하고 삽니다

即使我心中有爱

即使我心中有爱
却无法说出
爱你这句话
因为我怕不能对说出口的那句我爱你
负责到底

即使我也会生出狠心
却无法说出狠心的话
因为我听了别人说的狠话
而久久无法释怀

即使我会感到
孤独和伤感
却无法倾诉

외롭고 슬픈 말 남들한테 들으면
나도 덩달아 외롭고 슬퍼지기 때문

사랑하는 마음을 아끼며
삽니다
모진 마음을 달래며
삽니다
될수록 외롭고 슬픈 마음을
숨기며 삽니다.

因为听了别人的倾诉
我也会随之孤独伤感

珍惜着爱
去活
放下狠心
去活
尽力掩藏起孤独与伤感
去活。

그래도

나는 네가 웃을 때가 좋다
나는 네가 말을 할 때가 좋다
나는 네가 말을 하지 않을 때도 좋다
뾰로통한 네 얼굴, 무덤덤한 표정
때로는 매정한 말씨
그래도 좋다.

依然

你笑时,我喜欢
你说话时,我喜欢
你沉默时,我也喜欢
你那气嘟嘟的脸庞,漠不关心的表情
偶尔的冷言冷语
我依然喜欢。

선물

하늘 아래 내가 받은
가장 커다란 선물은
오늘입니다

오늘 받은 선물 가운데서도
가장 아름다운 선물은
당신입니다

당신 나지막한 목소리와
웃는 얼굴, 콧노래 한 구절이면
한 아름 바다를 안은 듯한 기쁨이겠습니다.

礼物

我收到的
天底下最珍贵的礼物
便是今天

今天我收到的礼物中
最美好的礼物
便是你

仅仅是你的喃喃细语
嫣然一笑,低吟浅唱
就足以令我如拥抱一片大海般的喜悦。

시

마당을 쓸었습니다
지구 한 모퉁이가 깨끗해졌습니다

꽃 한 송이 피었습니다
지구 한 모퉁이가 아름다워졌습니다

마음속에 시 하나 싹텄습니다
지구 한 모퉁이가 밝아졌습니다

나는 지금 그대를 사랑합니다
지구 한 모퉁이가 더욱 깨끗해지고
아름다워졌습니다.

诗

打扫了院子
地球的一角变干净了

开了一朵花
地球的一角变美了

心中萌发出一首诗
地球的一角变亮了

此刻,我爱上了你
地球的一角变得更加纯洁而美好了。

멀리서 빈다

어딘가 내가 모르는 곳에
보이지 않는 꽃처럼 웃고 있는
너 한 사람으로 하여 세상은
다시 한 번 눈부신 아침이 되고

어딘가 네가 모르는 곳에
보이지 않는 풀잎처럼 숨 쉬고 있는
나 한 사람으로 하여 세상은
다시 한 번 고요한 저녁이 온다

가을이다, 부디 아프지 마라.

远方的祈愿

在某个我不知道的地方
犹如不起眼的花儿一般微笑着的你
让这个世界又迎来了一个耀眼的清晨

在某个你不知道的地方
犹如不起眼的青草一般呼吸的我
让这个世界又迎来了一个寂静的夜晚

秋天了,请保重!

나무

너의 허락도 없이
너에게 너무 많은 마음을
주어버리고
너에게 너무 많은 마음을
뺏겨버리고
그 마음 거두어들이지 못하고
바람 부는 들판 끝에 서서
나는 오늘도 이렇게 슬퍼하고 있다
나무 되어 울고 있다.

树

未经你允许
就对你倾注了太多感情
任由我的感情被你带走
此情难收
站在风吹的田野尽头
今天的我依然如此悲伤
像树在哭泣。

행복

저녁 때
돌아갈 집이 있다는 것

힘들 때
마음속으로 생각할 사람 있다는 것

외로울 때
혼자서 부를 노래 있다는 것.

幸福

深夜时
有家可归

疲惫时
有人可念

孤独时
有歌可唱。

별리

우리 다시는 만나지 못하리

그대 꽃이 되고 풀이 되고
나무가 되어
내 앞에 있는다 해도 차마
그대 눈치 채지 못하고

나 또한 구름 되고 바람 되고
천둥이 되어
그대 옆을 흐른다 해도 차마
나 알아보지 못하고

눈물은 번져
조그만 새암을 만든다
지구라는 별에서의
마지막 만남과 헤어짐

우리 다시 사람으로는 만나지 못하리.

别离

我们无法再次相遇

若你化身为花、草、或树
即使在我面前
而我却没能察觉

若我化身为云、风或雷
即使掠过你的身边
而你却觉察不到

泪水洇染
成为一小股清泉
在地球这个星球上
最后的相遇与别离

也许我们无法转世为人再续前缘。

안부

오래
보고 싶었다

오래
만나지 못했다

잘 있노라니
그것만 고마웠다.

问候

想念良久

许久未见

只要你安好
我便很感激。

부탁

너무 멀리까지는 가지 말아라
사랑아

모습 보이는 곳까지만
목소리 들리는 곳까지만 가거라

돌아오는 길 잊을까 걱정이다
사랑아.

叮咛

我的爱
不要走得太远

能看到身影为止
能听到话音为止

好怕你找不到回来的路
我的爱。

아름다운 사람

아름다운 사람
눈을 둘 곳이 없다
바라볼 수도 없고
그렇다고 아니 바라볼 수도 없고
그저 눈이
부시기만 한 사람.

佳人

佳人
让我目光无处安放
既不能直视
又忍不住想看
就是如此耀眼的人。

비단강

비단강이 비단강임은
많은 강을 돌아보고 나서야
비로소 알겠습디다

그대가 내게 소중한 사람임은
더 많은 사람들을 만나고 나서야
비로소 알겠습디다

백 년을 가는
사람 목숨이 어디 있으며
50년을 가는
사람 사랑이 어디 있으랴……

오늘도 나는
강가를 지나며
되뇌어 봅니다.

锦江

游览过众江之后
方知
锦江之美

遇人无数后
方知
你才是我珍重的人

走过百年
还能残喘几时
年过半百
哪还有什么爱情可言……

今天我再一次
走在江边
反复回味。

그리움·1

햇빛이 너무 좋아
혼자 왔다 혼자
돌아갑니다.

思念·1

阳光明媚
孤身来
独自去。

그리움·2

가지 말라는데 가고 싶은 길이 있다
만나지 말자면서 만나고 싶은 사람이 있다
하지 말라면 더욱 해보고 싶은 일이 있다

그것이 인생이고 그리움
바로 너다.

思念 · 2

不让走的路偏偏想要去走一走
说好了不要见的人偏偏想见一见
越是不让做,越是跃跃欲试

那便是人生与思念
那正是你。

3월

어차피 어차피
삼월은 오는구나
오고야 마는구나
이월을 이기고
추위와 가난한 마음을 이기고
넓은 마음이 돌아오는구나
돌아와 우리 앞에
풀잎과 꽃잎의 비단방석을 까는구나
새들은 우리더러
무슨 소리든 내보라 내보라고
조르는구나
시냇물 소리도 우리더러
지껄이라 그러는구나
아, 젊은 아이들은
다시 한 번 새옷을 갈아입고
새 가방을 들고
새 배지를 달고
우리 앞을 물결쳐

三月

不管怎样，反正
三月还是来了
终究还是来了
战胜了二月
克服了寒冷和内心的贫乏
恢复了往日宽阔的胸怀
回到我们面前
铺展开花草编织的锦垫
小鸟儿一直缠着
要我们说点什么
溪流声
也让我们一起热闹起来
啊， 年少的孩子们
再次换上新衣
背起新书包
戴上新徽章
在我们面前
如潮水般涌动

스쳐 가겠지
그러나 삼월에도
외로운 사람은 여전히 외롭고
쓸쓸한 사람은 쓸쓸하겠지.

随即擦身而过
然而即使在三月
孤独的人依然孤独
寂寞的人还是寂寞的吧。

11월

돌아가기엔 이미 너무 많이 와버렸고
버리기에는 차마 아까운 시간입니다

어디선가 서리 맞은 어린 장미 한 송이
피를 문 입술로 이쪽을 보고 있을 것만 같습니다

낮이 조금 더 짧아졌습니다
더욱 그대를 사랑해야 하겠습니다.

十一月

想回头,却已走得太远
想放弃,却又觉得可惜

某处被霜打的一朵小玫瑰
好像抿血的嘴唇望向我

白天变得更短了
我要更加爱你才行。

바람에게 묻는다

바람에게 묻는다
지금 그곳에는 여전히
꽃이 피었던가 달이 떴던가

바람에게 듣는다
내 그리운 사람 못 잊을 사람
아직도 나를 기다려
그곳에서 서성이고 있던가

내게 불러줬던 노래
아직도 혼자 부르며
울고 있던가.

问风

我问风

现在那里

是否花儿依旧绽放,月亮依旧升起

我听风说

我思念的那个人

我无法忘怀的那个人

是否还徘徊在那里

等着我

是否还在独自哭着吟唱

那首曾经唱给我听的歌。

지상에서의 며칠

때 절은 조이 창문 흐릿한 달빛 한줌이었다가
바람 부는 들판의 키 큰 미루나무 잔가지 흔드는 바람이었다가
차마 소낙비일 수 있었을까? 겨우
옷자락이나 머리칼 적시는 이슬비였다가
기약 없이 찾아든 바닷가 민박집 문지방까지 밀려와
칭얼대는 파도 소리였다가
누군들 안 그러랴
잠시 머물고 떠나는 지상에서의 며칠, 이런 저런 일들
좋았노라 슬펐노라 고달팠노라
그대 만나 잠시 가슴 부풀고 설렜었지
그리고는 오래고 긴 적막과 애달픔과 기다림이 거기 있었지
가는 여름 새끼손톱에 스며든 봉숭아 빠알간 물감이었다가
잘려 나간 손톱조각에 어른대는 첫눈이었다가
눈물이 고여서였을까? 눈썹
깜짝이다가 눈썹 두어 번 깜짝이다가…….

人生在世,弹指一挥间

也许是透过尘封纸窗的一抹朦胧的月光

也许是吹过田野拂动大白杨细枝的风

不会是雷阵雨吧。也许

是勉强打湿衣角和发丝的毛毛细雨

也许是不期而至,拍打在海边民宿门槛上的波涛

发出的呜咽声

谁不是这样呢

短暂停留随即而去

人生在世,弹指一挥间的种种

或美好,或悲伤,亦或疲惫不堪

遇见你,有过片刻的心动

随后便是更长久的寂寞、悲伤和等待

也许是在过去的夏天里浸染在小拇指指甲上的凤仙花

也许是剪掉的指甲屑隐约如初雪

难道是泪水盈眶?睫毛

眨动了一下,两下……

오늘도 그대는 멀리 있다

전화 걸면 날마다
어디 있냐고 무엇하냐고
누구와 있냐고 또 별일 없냐고
밥은 거르지 않았는지 잠은 설치지 않았는지
묻고 또 묻는다

하기는 아침에 일어나
햇빛이 부신 걸로 보아
밤사이 별일 없긴 없었는가 보다

오늘도 그대는 멀리 있다

이제 지구 전체가 그대 몸이고 맘이다.

今天你依旧遥远

每次一打电话就问
你在哪儿,在做什么
跟谁在一起,没什么事儿吧
没有顾不上饭点吧,没有睡不好觉吧
问了又问

是啊,早晨起来
阳光还是那么耀眼
看来一晚上没什么事儿

今天你依旧遥远

如今整个地球都是你的身影。

기도

내가 외로운 사람이라면
나보다 더 외로운 사람을
생각하게 하여 주옵소서

내가 추운 사람이라면
나보다 더 추운 사람을
생각하게 하여 주옵소서

내가 가난한 사람이라면
나보다 더 가난한 사람을
생각하게 하여 주옵소서

더욱이나 내가 비천한 사람이라면
나보다 더 비천한 사람을
생각하게 하여 주옵소서

그리하여 때때로
스스로 묻고

祈祷

如果我是个孤独的人
请让我记挂
比我更加孤独的人

如果我是个寒冷的人
请让我记挂
比我更加寒冷的人

如果我是个贫穷的人
请让我记挂
比我更加贫穷的人

尤其如果我是个卑微的人
请让我记挂
比我更加卑微的人

因而
请让我时常

스스로 대답하게 하여 주옵소서

나는 지금 어디에 와 있는가?
나는 지금 어디로 향해 가고 있는가?
나는 지금 무엇을 보고 있는가?
나는 지금 무엇을 꿈꾸고 있는가?

扪心自问

我此刻正身处何地?
我此刻正要去往何处?
我此刻看到了什么?
我此刻怀抱着怎样的梦想?

들길을 걸으며

1
세상에 와 그대를 만난 건
내게 얼마나 행운이었나
그대 생각 내게 머물므로
나의 세상은 빛나는 세상이 됩니다
많고 많은 사람 중에 그대 한 사람
그대 생각 내게 머물므로
나의 세상은 따뜻한 세상이 됩니다.

2
어제도 들길을 걸으며
당신을 생각했습니다
오늘도 들길을 걸으며
당신을 생각했습니다
어제 내 발에 밟힌 풀잎이
오늘 새롭게 일어나
바람에 떨고 있는 걸
나는 봅니다

走在田间小路上

1
在这世上和你相遇
我是多么的幸运啊
一直思念着你
我的世界变得绚烂无比
茫茫人海中唯独有你
一直思念着你
我的世界变得温暖无比。

2
昨天也走在田间的小路上
想你了
今天也走在田间小路上
想你了
我看见
昨天被我踩在脚下的小草
今天又重新抬起头
在风中摇曳

나도 당신 발에 밟히면서
새로워지는 풀잎이면 합니다
당신 앞에 여리게 떠는
풀잎이면 합니다.

愿我也成为
那被你踩过后重现生机的小草
在你面前轻轻摇曳的小草。

내가 사랑하는 계절

내가 제일로 좋아하는 달은
십일월이다
더 여유 있게 잡는다면
십일월에서 십이월 중순까지다

낙엽 져 홀몸으로 서 있는 나무
나무들이 깨금발을 딛고 선 등성이
그 등성이에 햇빛 비쳐 드러난
황토 흙의 알몸을
좋아하는 것이다

황토 흙 속에는
시제時祭 지내러 갔다가
막걸리 두어 잔에 취해
콧노래 함께 돌아오는
아버지의 비틀걸음이 들어 있다

어린 형제들이랑

我最爱的季节

我最喜欢的月份是
十一月
大致上
是十一月到十二月中旬

树叶凋零,只剩那光秃秃的树
树都踮着脚踩在山脊上
我就喜欢
在阳光映照下袒露出来的
那赤裸裸的黄土

黄土里还印有
去参加祭祀
喝两三杯米酒微醺
哼着小曲儿,蹒跚归来
父亲的脚印

与年幼的兄弟们

돌담 모퉁이에 기대어 서서 아버지가
가져오는 봉송封送 꾸러미를 기다리던
해 저물녘 한 때의 굴품한* 시간들이
숨쉬고 있다

아니다 황토 흙 속에는
끼니 대신으로 어머니가
무쇠 솥에 찌는 고구마의
구수한 내음새 아스므레
아지랑이가 스며 있다

내가 제일로 좋아하는 계절은
낙엽 져 나무 밑둥까지 드러나 보이는
늦가을부터 초겨울까지다
그 솔직함과 청결함과 겸허를
못 견디게 사랑하는 것이다.

*굴품한 : '배가 고픈 듯한', '시장기가 드는 듯한'의 충청도 방언.

倚靠在石墙的拐角
翘首以盼父亲带回吃食的
那个黄昏时分
曾经那段食不果腹的岁月
还在呼吸着

不,那黄土里弥漫着
母亲用铁锅蒸熟
用来顶一顿饭的红薯
散发出的香甜味
和轻雾般的蒸汽

我最喜欢的季节是
树叶凋零,树根可见的
晚秋到初冬
那份坦率、纯洁和谦逊
是我忍不住去爱的。

화이트 크리스마스

크리스마스이브
눈 내리는 늦은 밤거리에 서서
집에서 혼자 기다리고 있는
늙은 아내를 생각한다

시시하다 그럴 테지만
밤늦도록 불을 켜놓고 손님을
기다리는 빵 가게에 들러
아내가 좋아하는 빵을 몇 가지
골라 사들고 서서
한사코 세워주지 않는
택시를 기다리며
이십 년 하고서도 육 년 동안
함께 산 동지를 생각한다

아내는 그동안 네 번
수술을 했고
나는 한 번 수술을 했다

白色圣诞节

平安夜
深夜站在下雪的街头
想着独自在家等待的老伴儿

虽然会觉得有些小气
但还是走进
直到深夜还亮着灯的面包店
买了几样老伴喜欢的面包
站着等死活不肯停的出租车时
想起了二十六年来
一起生活的同志

这些岁月里
老伴儿做了四次手术
我做过一次

그렇다, 아내는 네 번씩
깨진 항아리이고 나는
한 번 깨진 항아리이다

눈은 땅에 내리자마자
녹아 물이 되고 만다
목덜미에 내려 섬뜩섬뜩한
혓바닥을 들이밀기도 한다

화이트 크리스마스
크리스마스이브 늦은 밤거리에서
한 번 깨진 항아리가
네 번 깨진 항아리를 생각하며
택시를 기다리고 또
기다린다.

是啊
老伴儿是破过四次的坛子
我是破过一次的坛子

雪花飘落在地上
瞬间融化成了水
偶尔落到脖颈上
如同伸过来的冰舌

白色圣诞节
在平安夜的路上
破过一次的坛子
想着破过四次的坛子
等了很久很久地出租车。

꽃 피우는 나무

좋은 경치 보았을 때
저 경치 못 보고 죽었다면
어찌했을까 걱정했고

좋은 음악 들었을 때
저 음악 못 듣고 세상 떴다면
어찌했을까 생각했지요

당신, 내게는 참 좋은 사람
만나지 못하고 이 세상 흘러갔다면
그 안타까움 어찌했을까요……

당신 앞에서는
나도 온몸이 근지러워
꽃 피우는 나무

지금 내 앞에 당신 마주 있고
당신과 나 사이 가득

花开的树

欣赏美景时
担心如果没能看到
如此美景就死去
那该多遗憾啊

聆听美妙音乐时
想过如果没能听到
如此美妙的音乐就离世
那该多可惜啊

对我而言,你是那么美好的人
如果没能遇到你
就离开这个世上
那该多遗憾啊

在你面前
我恰似一棵春心荡漾开花的树

음악의 강물이 일렁입니다

당신 등 뒤로 썰렁한
잡목 숲도 이런 때는 참
아름다운 그림 나라입니다.

现在你就在我的面前
你我之间充满着
如同江水跌宕的音乐

此时你身后
空荡荡的杂树丛
也是一个美丽如画的国度。

추억

어디라 없이 문득
길 떠나고픈 마음이 있다
누구라 없이 울컥
만나고픈 얼굴이 있다

반드시 까닭이
있었던 것은 아니다
분명히 할 말이
있었던 것은 더욱 아니다

푸른 풀밭이 자라서
가슴속에 붉은
꽃들이 피어서

간절히 머리 조아려
그걸 한사코
보여주고 싶던 시절이
내게도 있었다.

回忆

说不清确切去哪儿
只是突然生出启程的念头
说不清确切是谁
只是猛然浮现想见的脸庞

并不是非得有什么理由
显然更没有什么要说的

绿草丛生
心底
红花盛开

即使是低声下气
执意
想要展示给你的那段时光
我也曾有过。

돌멩이

흐르는 맑은 물결 속에 잠겨
보일 듯 말 듯 일렁이는
얼룩무늬 돌멩이 하나
돌아가는 길에 가져가야지
집어 올려 바위 위에
놓아두고 잠시
다른 볼일 보고 돌아와
찾으려니 도무지
어느 자리에 두었는지
찾을 수가 없다

혹시 그 돌멩이, 나 아니었을까?

小石子

躺在清澈的流水中
若隐若现随波而动的
一颗带花纹的小石子儿
想着回去的路上要带上它
捞起来暂放在岩石上
办完事
回头再找
竟全然不知
放到了哪里
不见了踪迹

或许,那个小石子儿不会就是我吧?

꽃잎

활짝 핀 꽃나무 아래서
우리는 만나서 웃었다

눈이 꽃잎이었고
이마가 꽃잎이었고
입술이 꽃잎이었다

우리는 술을 마셨다
눈물을 글썽이기도 했다

사진을 찍고
그 날 그렇게 우리는
헤어졌다

돌아와 사진을 빼보니
꽃잎만 찍혀 있었다.

花瓣

在繁花盛开的树下
我们一起欢笑过

她的眼睛似花瓣儿
她的额头似花瓣儿
她的嘴唇似花瓣儿

我们一起饮了酒
泪水湿润了眼睛

那天我们拍完照
就那样
分开了

回来冲洗胶卷一看
照片里只有花瓣儿。

뒷모습

뒷모습이 어여쁜
사람이 참으로
아름다운 사람이다

자기의 눈으로는 결코
확인이 되지 않는 뒷모습
오로지 타인에게로만 열린
또 하나의 표정

뒷모습은
고칠 수 없다
거짓말을 할 줄 모른다

물소리에게도 뒷모습이 있을까?
시드는 노루발풀꽃, 솔바람 소리,
찌르레기 울음소리에게도
뒷모습은 있을까?

背影

背影优美的人
才是真正的美人

自己的双眼
永远无法触及的背影
仅是展现给他人的
另一个表情

背影
无法改变
亦不会说谎

流水声也会有背影吗?
还有枯萎的鹿蹄草花
松涛声
椋鸟啼鸣
也会有背影吗?

저기 저
가문비나무 윤노리나무 사이
산길을 내려가는
야윈 슬픔의 어깨가
희고도 푸르다.

在那云杉与石楠树之间

下山途中

消瘦伤感的肩膀

显得白皙又青翠。

산수유꽃 진 자리

사랑한다, 나는 사랑을 가졌다
누구에겐가 말해주긴 해야 했는데
마음 놓고 말해줄 사람 없어
산수유꽃 옆에 와 무심히 중얼거린 소리
노랗게 핀 산수유꽃이 외워두었다가
따사로운 햇빛한테 들려주고
놀러온 산새에게 들려주고
시냇물 소리한테까지 들려주어
사랑한다, 나는 사랑을 가졌다
차마 이름까진 말해줄 수 없어 이름만 빼고
알려준 나의 말
여름 한 철 시냇물이 줄창 외우며 흘러가더니
이제 가을도 저물어 시냇물 소리도 입을 다물고
다만 산수유꽃 진 자리 산수유 열매들만
내리는 눈발 속에 더욱 예쁘고 붉습니다.

山茱萸花凋落的地方

爱,我爱了

本想说给谁听

却没有可以敞开心扉的人

只能来到山茱萸花旁漫不经心地喃喃自语

被开得金灿灿的山茱萸花记下了

说给和煦的阳光听

说给来玩的山鸟听

甚至说给溪水听

爱,我爱了

只是不能说出名字

除了名字以外

倾诉了我的心声

盛夏的小溪喋喋不休地重复着我的话,流淌而去

如今已入晚秋,小溪也安静了下来

在山茱萸花凋落的地方

唯有山茱萸果

在漫天大雪中显得又美又红。

기쁨

난초 화분의 휘어진
이파리 하나가
허공에 몸을 기댄다

허공도 따라서 휘어지면서
난초 이파리를 살그머니
보듬어 안는다

그들 사이에 사람인 내가 모르는
잔잔한 기쁨의
강물이 흐른다.

喜悦

兰花盆里的
一片弯叶
倚在半空中

半空也随之弯曲
轻轻地将兰花叶
拥入怀中

在它们之间
静静地流淌着
不为人知的
喜悦之河。

멀리까지 보이는 날

숨을 들이쉰다
초록의 들판 끝 미루나무
한 그루가 끌려들어온다

숨을 더욱 깊이 들이쉰다
미루나무 잎새에 반짝이는
햇빛이 들어오고 사르락 사르락
작은 바다 물결 소리까지
끌려들어온다

숨을 내어쉰다
뻐꾸기 울음소리
꾀꼬리 울음소리가
쓸려나아간다

숨을 더욱 멀리 내어쉰다
마을 하나 비 맞아 우거진
봉숭아꽃나무 수풀까지

遥望远方的日子

吸一口气
在绿色田野的尽头
有一棵白杨树被吸引来了

深吸一口气
白杨树叶上闪烁的阳光洒了进来,沙啦沙啦
连那细小的海浪声
也一同被吸引来了

呼一口气
布谷鸟的叫声
黄莺的叫声
渐渐远去

深呼一口气
雨中山村
茂盛的凤仙花丛
也一闪而过

쓸려 나아가고 조그만 산 하나
우뚝 다가와 선다

산 위에 두둥실 떠 있는
흰 구름, 저 녀석
조금 전까지만 해도 내 몸 안에서
뛰어 놀던 바로 그 숨결이다.

一座小山
迎面耸立

山顶上漂浮的
白云,那个小伙儿
就是刚刚还在我身体里
调皮嬉戏的那口气息。

바람이 붑니다

바람이 붑니다
창문이 덜컹댑니다
어느 먼 땅에서 누군가 또
나를 생각하나 봅니다

바람이 붑니다
낙엽이 굴러갑니다
어느 먼 별에서 누군가 또
나를 슬퍼하나 봅니다

춥다는 것은 내가 아직도
숨쉬고 있다는 증거
외롭다는 것은 앞으로도 내가
혼자가 아닐 거라는 약속

바람이 붑니다
창문에 불이 켜집니다
어느 먼 하늘 밖에서 누군가 한 사람
나를 위해 기도를 챙기고 있나 봅니다.

起风了

起风了
窗户哐当响
在某一个遥远的地方
也许有个人又在想我

起风了
落叶翻滚着远去
在某一个遥远的星球上
也许有人又在为我伤心

能感觉到寒冷
是我还活着的证据
能感觉到孤独
是以后我将不会独自一个人的约定

起风了
窗户里的灯亮了
在某一个遥远的天空之外
也许有人在为我祈祷吧。

들국화·1

1
울지 않는다면서 먼저
눈썹이 젖어

말로는 잊겠다면서 다시
생각이 나서

어찌하여 우리는
헤어지고 생각나는 사람들입니까?

말로는 잊어버리마고
잊어버리마고……

등피
아래서.

野菊花·1

1
说好了不哭
却泪湿了睫毛

说好要忘记
却又再次想起

我们为何
分手后又彼此惦念?

嘴上说要忘记
要忘记……

在灯盏下。

2
살다 보면 눈물날 일도
많고 많지만
밤마다 호롱불 밝혀
네 강심江心에 노를 젓는
나는 나룻배.

아침이면
이슬길 풀섶길 돌고 돌아
후미진 곳
너 보고픈 마음에
하얀 꽃송이 하날 피웠나부다.

2

人生在世

总有许多让人落泪的事儿

每晚点亮煤油灯

我是在你江心

划桨的那只渡船。

到了清晨

徘徊在沾满露珠的草丛中

在那幽深的一角

想你的心里

开出了一朵白花。

들국화·2

바람 부는 등성이에
혼자 올라서
두고 온 옛날은
생각 말자고,
아주아주 생각 말자고.

갈꽃 핀 등성이에
혼자 올라서
두고 온 옛날은
잊었노라고,
아주아주 잊었노라고.

구름이 헤적이는
하늘을 보며
어느 사이
두 눈에 고이는 눈물.
꽃잎에 젖는 이슬.

野菊花·2

独自登上
风吹的山脊
逝去的往昔
不要再追忆
千万不要再追忆

独自登上
芦花盛开的山脊
逝去的往昔
就将它忘记
真的要将它忘记

白云悠悠
不知不觉
双眼噙满的泪水
打湿花瓣的露珠。

사는 일

1
오늘도 하루 잘 살았다
굽은 길은 굽게 가고
곧은 길은 곧게 가고

막판에는 나를 싣고
가기로 되어 있는 차가
제 시간보다 일찍 떠나는 바람에
걷지 않아도 좋은 길을 두어 시간
땀 흘리며 걷기도 했다

그러나 그것도 나쁘지 아니했다
걷지 않아도 좋은 길을 걸었으므로
만나지 못했을 뻔했던 싱그러운
바람도 만나고 수풀 사이
빨갛게 익은 멍석딸기도 만나고
해 저문 개울가 고기비늘 찍으러 온 물총새
물총새, 쪽빛 날갯짓도 보았으므로

生活

1
今天一天过得也很不错
弯曲的路曲折前行
笔直的路一路前行

原本要载我
离开的那辆车
由于提前出发
本来无需步行的路程
却流着汗走了两个来小时

不过那也不错
因为走过那条无需步行的路程
呼吸到了差点就错过的清新空气
也看到了草丛中熟透的红茅莓
还看到了夕阳下来溪边捕鱼的翠鸟
翠鸟,展开翠绿的翅膀

이제 날 저물려 한다
길바닥을 떠돌던 바람은 잠잠해지고
새들도 머리를 숲으로 돌렸다
오늘도 하루 나는 이렇게
잘 살았다.

2
세상에 나를 던져보기로 한다
한 시간이나 두 시간

퇴근 버스를 놓친 날 아예
다음 차 기다리는 일을 포기해버리고
길바닥에 나를 놓아버리기로 한다

누가 나를 주워가 줄 것인가?
만약 주워가 준다면 얼마나 내가
나의 길을 줄였을 때
주워가 줄 것인가?

此时,一天落幕
扫过路面的风变得安静
鸟儿们也转头钻进了树林
今天我又度过了
如此美好的一天。

2
决定将我抛给世界
一两个小时

错过下班的公交车时
就干脆放弃等下一班
决定把自己丢在马路上

谁会捡起我吗?
如果会捡起我的话
那会是在过了多久后
捡起我呢?

한 시간이나 두 시간
시험 삼아 세상 한복판에
나를 던져보기로 한다

나는 달리는 차들이 비껴가는
길바닥의 작은 돌멩이.

一两个小时
就当尝试一次
决定将我抛给世界

我是那车辆飞驰而过的
路面上的小石子。

너무 그러지 마시어요

 너무 그러지 마시어요. 너무 섭섭하게 그러지 마시어요. 하나님, 저에게가 아니에요. 저의 아내 되는 여자에게 그렇게 하지 말아달라는 말씀이에요. 이 여자는 젊어서부터 병과 더불어 약과 더불어 산 여자예요. 세상에 대한 꿈도 없고 그 어떤 사람보다도 죄를 안 만든 여자예요. 신장에 구두도 많지 않은 여자구요, 장롱에 비싸고 좋은 옷도 여러 벌 가지지 못한 여자예요. 한 남자의 아내로서 그림자로 살았고 두 아이의 엄마로서 울면서 기도하는 능력밖엔 없는 여자이지요. 자기 이름으로 꽃밭 한 평, 채전밭 한 귀퉁이 가지지 못한 여자예요. 남편 되는 사람이 운전조차 할 줄 모르는 쑥맥이라서 언제나 버스만 타고 다닌 여자예요. 돈을 아끼느라 꽤나 먼 시장 길도 걸어다니고 싸구려 미장원에만 골라 다닌 여자예요. 너무 그러지 마시어요. 가난한 자의 기도를 잘 들어 응답해주시는 하나님, 저의 아내 되는 사람에게 너무 섭섭하게 그러지 마시어요.

请不要这样过分

请不要这样,请不要这样过分。上帝,我说的不是我,求你对作为我妻子的这个女人不要这样过分。这个女人从小病痛缠身,药不离身。她在这个世界连梦想都没有。比起任何人,她是最没有罪过的女人。鞋柜里没有几双皮鞋的女人。衣柜里没有几件像样衣服的女人。作为一个男人的妻子,她活得像影子一样,作为两个孩子的妈妈,她是除了哭着祈祷之外再也无能为力的女人。她是自己名下连一坪花圃,一角菜地都没有的女人。作为她丈夫的那个人是个连车都不会开的大笨蛋,所以她是不管什么时候都只能坐公交车的女人。为了省钱走路去很远的市场,专挑最便宜的理发店的女人。请不要这样过分。一向都对穷苦人有求必应的上帝,请不要这样,请不要这样过分。

대숲 아래서

1
바람은 구름을 몰고
구름은 생각을 몰고
다시 생각은 대숲을 몰고
대숲 아래 내 마음은 낙엽을 몬다.

2
밤새도록 댓잎에 별빛 어리듯
그슬린 등피에는 네 얼굴이 어리고
밤 깊어 대숲에는 후둑이다 가는 밤 소나기 소리.
그리고도 간간이 사운대다 가는 밤바람 소리.

3
어제는 보고 싶다 편지 쓰고
어젯밤 꿈엔 너를 만나 쓰러져 울었다.
자고 나니 눈두덩엔 메마른 눈물자죽,
문을 여니 산골엔 실비단 안개.

竹林下

1
风拨动云
云拨动思绪
思绪拨动竹林
竹林下,我的心拨动落叶。

2
犹如彻夜闪烁在竹叶上朦胧的星光
泛黑的灯罩上浮现你的脸庞
深夜竹林里哗啦啦的阵雨声。
还间或传来徐徐的晚风声。

3
昨天将思念写成了信
昨夜梦到你倒地哭泣
醒来时眼角还残留着干涸的泪痕
推开门,山谷间笼罩着丝绸般的云雾。

4
모두가 내 것만은 아닌 가을,
해 지는 서녘구름만이 내 차지다.
동구 밖에 떠드는 애들의
소리만이 내 차지다.
또한 동구 밖에서부터 피어오르는
밤안개만이 내 차지다.

하기는 모두가 내 것만은 아닌 것도 아닌
이 가을,
저녁밥 일찍이 먹고
우물가에 산보 나온
달님만이 내 차지다.
물에 빠져 머리칼 헹구는
달님만이 내 차지다.

4

这个秋天并非完全属于我。

只有夕阳下的云彩属于我。

只有村口外孩子们的嬉闹声属于我。

还有村口外升起的夜雾属于我。

这个秋天

也不是完全不属于我。

早早吃过晚饭

只有来井边散步的月亮属于我。

只有倒映在水中

冲洗头发的月亮属于我。

가을 서한

1

끝내 빈손 들고 돌아온 가을아,
종이 기러기 한 마리 안 날아오는 비인 가을아,
내 마음까지 모두 주어버리고 난 지금
나는 또 그대에게 무엇을 주어야 할까 몰라.

2

새로 국화 잎새 따다 수놓아
새로 창호지문 바르고 나면
방안 구석구석까지 밀려들어오는 저승의 햇살.
그것은 가난한 사람들만의 겨울 양식.

3

다시는 더 생각하지 않겠다,
다짐하고 내려오는 등성이에서
돌아보니 타닥타닥 영그는 가을 꽃씨 몇 옴큼.
바람 속에 흩어지는 산 너머 기적 소리.

秋天的书信

1

最终还是空手而归的秋天啊
连只纸雁都不会飞来,冷清的秋天啊
我的心都给了你
如今,我不知道还能再给你些什么。

2

绣上了新采的菊花叶
糊上新的窗纸后
透入到房间每个角落里幽冥的阳光
那却是穷人们过冬的食粮。

3

下定决心再也不去想了
在下山的山岭上
回头望去,秋天成熟的几撮花籽劈里啪啦的
还有山那边随风飘荡的汽笛声。

4
가을은 가고
남은 건
바바리코트 자락에 날리는 바람
때 묻은 와이셔츠 깃.

가을은 가고
남은 건
그대 만나러 가는 골목길에서의
내 휘파람 소리.

첫눈 내리는 날에
켜질
그대 창문의 등불 빛
한 초롱.

4
秋天过后
留下的是
吹动风衣下摆的风
沾有灰尘的衬衣领。

秋天过后
留下的是
我在去往与你相会的胡同里
吹响的口哨声。

初雪那天
点亮的
你窗子里的灯光
一盏灯。

배회

1
사랑하는 사람아, 너는 모를 것이다.
이렇게 멀리 떨어진 변방의 둘레를 돌면서
내가 얼마나 너를 생각하고 있는가를.

사랑하는 사람아, 너는 까마득 짐작도 못할 것이다.
겨울 저수지의 외곽 길을 돌면서
맑은 물낯에 산을 한 채 비쳐보고
겨울 흰 구름 몇 송이 띄워보고
볼우물 곱게 웃음 웃는 너의 얼굴 또한
그 물낯에 비쳐보기도 하다가
이내 싱거워 돌멩이 하나 던져 깨뜨리고 마는
슬픈 나의 장난을.

2
솔바람 소리는 그늘조차 푸른빛이다.
솔바람 소리의 그늘에 들면 옷깃에도
푸른 옥빛 물감이 들 것만 같다.

徘徊

1
我爱的人啊， 你不会知道
徘徊在如此遥远的边防线
我有多么怀念你啊。

我爱的人啊， 你根本猜不到
徘徊在冬日水库外围的小路
清澈的水面上
映照着一座山和冬日天空漂浮的几朵云
还有你那带着酒窝明媚的笑脸
也从水面映入眼帘时
却被我觉得无趣随手扔的小石子打碎了
我悲伤的恶作剧。

2
松涛连树荫都泛着绿光
进入松涛的树荫下
仿佛连衣领也会染上碧绿色。

사랑하는 사람아,
내가 너를 생각하는 마음조차 그만
포로소름 옥빛 물감이 들고 만다면
어찌겠느냐 어찌겠느냐.

솔바람 소리 속에는
자수정 빛 네 눈물 비린내 스며 있다.
솔바람 소리 속에는
비릿한 네 속살 내음새 묻어 있다.

사랑하는 사람아,
내가 너를 사랑하는 이 마음조차 그만
눈물 비린내에 스미고 만다면
어찌겠느냐 어찌겠느냐.

3
나는 지금도 네게로 가고 있다.

我爱的人啊

如果就连我怀念你的心

也这样蒙上不寒而栗的碧绿色

该怎么办, 该怎么办啊。

松涛里渗透着

你紫水晶般眼泪的腥味儿

松涛里夹杂着

你肌肤的土腥味儿。

我爱的人啊

如果就连我爱你的心也这样

渗入眼泪的腥味儿

该怎么办, 该怎么办啊。

3
我至今仍在朝你走去

마른 갈꽃 내음 한 아름 가슴에 안고
살얼음에 버려진 골목길 저만큼
네모난 창문의 방안에 숨어서
나를 기다리는
빨강 치마 흰 버선 속의 따스한 너의 맨발을 찾아서.
네 열 개 발가락의 잘 다듬어진 발톱들 속으로.

지금도 나는 네게로 가고 있다.
마른 갈꽃송이 꺾어 한 아름 가슴에 안고
처마 밑에 정갈히 내건 한 초롱
네 처녀의 등불을 찾아서.
네 이쁜 배꼽의 한 접시 목마름 속으로
기뻐서 지줄대는 네 실핏줄의 노래들 속으로.

抱了满怀的枯芦苇花香气

在薄冰遗弃的小巷尽头

躲在方窗的房子里

等待着我

在红裙白袜里寻找你温暖的赤脚

向着你十个修剪好的脚指甲。

我现在还在向你走去

折下枯芦苇花抱在怀里

屋檐下整齐地挂起的灯笼

寻找你的第一盏灯

向着你漂亮肚脐的一洼渴望里

向着开心得连血丝也低唱的歌声里。

아끼지 마세요

좋은 것 아끼지 마세요
옷장 속에 들어 있는 새로운 옷 예쁜 옷
잔칫날 간다고 결혼식장 간다고
아끼지 마세요
그러다 그러다가 철지나면 헌옷 되지요

마음 또한 아끼지 마세요
마음속에 들어 있는 사랑스런 마음 그리운 마음
정말로 좋은 사람 생기면 준다고
아끼지 마세요
그러다 그러다가 마음의 물기 마르면 노인이 되지요

좋은 옷 있으면 생각날 때 입고
좋은 음식 있으면 먹고 싶은 때 먹고
좋은 음악 있으면 듣고 싶은 때 들으세요
더구나 좋은 사람 있으면
마음속에 숨겨두지 말고
마음껏 좋아하고 마음껏 그리워하세요

请不要吝惜

喜欢就不要吝惜

衣柜里的新衣服、漂亮衣服

不要等到参加庆宴、婚礼时才舍得穿上

可是一再吝惜,等到过季就成了旧衣服

也不要吝惜你的心意

心中的爱与思念

如果遇到真正喜欢的人就给出去

请不要吝惜

若是一再吝惜,心底的潋滟一旦干涸,人也就老了

有喜欢的衣服想穿就穿

有喜欢的食物想吃就吃

有喜欢的音乐想听就听

尤其若有了喜欢的人

千万不要将他隐藏在心底

尽情地去喜欢

尽情地去思念

그리하여 때로는 얼굴 붉힐 일
눈물 글썽일 일 있다한들
그게 무슨 대수겠어요!
지금도 그대 앞에 꽃이 있고
좋은 사람이 있지 않나요
그 꽃을 마음껏 좋아하고
그 사람을 마음껏 그리워하세요.

所以那些让人脸红的事儿
那些让人落泪的事儿
没什么大不了的
现在在你面前不是还有花
还有你喜欢的人嘛
尽情地去喜欢那朵花
尽情地去想念那个人吧。

오늘의 약속

덩치 큰 이야기, 무거운 이야기는 하지 않기로 해요
조그만 이야기, 가벼운 이야기만 하기로 해요
아침에 일어나 낯선 새 한 마리가 날아가는 것을 보았다든지
길을 가다 담장 너머 아이들 떠들며 노는 소리가 들려 잠시 발을 멈췄다든지
매미 소리가 하늘 속으로 강물을 만들며 흘러가는 것을 문득 느꼈다든지
그런 이야기들만 하기로 해요

남의 이야기, 세상 이야기는 하지 않기로 해요
우리들의 이야기, 서로의 이야기만 하기로 해요
지나간 밤 쉽게 잠이 오지 않아 애를 먹었다든지
하루 종일 보고픈 마음이 떠나지 않아 가슴이 뻐근했다든지
모처럼 개인 밤하늘 사이로 별 하나 찾아내어 숨겨놓은 소원을 빌었다든지
그런 이야기들만 하기로 해요

今天的约定

约定好不要谈论那些重大的,沉重的话题
就只聊些琐碎的,轻松的
比如晨起时看到一只陌生的小鸟飞过
或是走在路上,听到围墙边孩子们的嬉笑声
忍不住停下了脚步
又或者猛然惊觉
蝉鸣声如同在天空汇成江流般涌动
就只聊聊这些吧

约定好不谈别人的闲话和天下大事
就只聊聊我们彼此的事儿
比如昨夜辗转反侧,难以入眠
或是一整天思念之情挥之不去,心口酸楚
又或是在久违的晴朗夜空中对着一颗星星
许下深藏的愿望
就只聊聊这些吧

실은 우리들 이야기만 하기에도 시간이 많지 않은 걸 우리는 잘 알아요
그래요, 우리 멀리 떨어져 살면서도
오래 헤어져 살면서도 스스로
행복해지기로 해요
그게 오늘의 약속이에요.

其实我们很清楚,即使只聊我们的故事,时间也不够多
是的,就算我们相隔很远
即使分开很久
也要各自幸福
这就是今天的约定。

바로 말해요

바로 말해요 망설이지 말아요
내일 아침이 아니에요 지금이에요
바로 말해요 시간이 없어요

사랑한다고 말해요
좋았다고 말해요
보고 싶었다고 말해요

해가 지려고 해요 꽃이 지려고 해요
바람이 불고 있어요 새가 울어요
지금이에요 눈치 보지 말아요

사랑한다고 말해요
좋았다고 말해요
그리웠다고 말해요

참지 말아요 우물쭈물하지 말아요
내일에는 꽃이 없어요 지금이에요

就现在说

就现在说,不要犹豫
不要等到明天,就现在
就现在说,不然就没时间了

说我爱你
说我喜欢你
说很想你

太阳快要落山,花儿就要凋零
风在吹,鸟儿在叫
就现在,无需再察言观色

说我爱你
说我喜欢你
说很想你

不要忍耐,不要吞吞吐吐
明天这花就没了,就现在

있더라도 그 꽃은 아니에요

사랑한다고 말해요
좋았다고 말해요
당신이 오늘은 꽃이에요.

就算有,也不再是这一朵

说我爱你
说我喜欢你
你就是今天的花朵。

자기를 함부로 주지 말아라

자기를 함부로 주지 말아라
아무 것에게나 함부로 맡기지 말아라
술한테 주고 잡담한테 주고 놀이한테
너무 많은 자기를 주지 않았나 돌아다 보아라

가장 나쁜 것은 슬픔한테 절망한테
자기를 맡기는 일이고
더욱 좋지 않은 것은 남을 미워하는 마음에
자기를 던져버리는 일이다
그야말로 그것은 끝장이다

그런 마음들을 거두어들여
기쁨에게 주고 아름다움에게 주고
무엇보다도 사랑하는 마음에게 주라
대번에 세상이 달라질 것이다
세상은 젊어지다 못해 어려질 것이고
싱싱해질 것이고 반짝이기 시작할 것이다

不要放任自己

不要放任自己

无论何时,都不要放任自己

回头看自己是否经常沉沦于吃喝、闲聊和玩乐

最坏的是莫过于放任自己

沉浸于悲伤和绝望

更坏的是莫过于放任自己

活在仇恨里

那样可真是到头了

收起那样的心绪

交与快乐,交与美好

最重要的是,交托给充满爱的心

瞬间世界便会改变

不只变得年轻, 甚至回归童真

开始焕发清新,熠熠生辉。

자기를 함부로 아무것에나 주지 말아라
부디 무가치하고 무익한 것들에게
자기를 맡기지 말아라
그것은 눈 감은 일이고 악덕이며
인생한테 죄 짓는 일이다

가장 아깝고 소중한 것은 자기 자신이다
그러므로 보다 많은 시간을 자기 자신한테
주는데 주저하지 말아야 할 일이다
그것이 날마다 가장 중요한
삶의 명제요 실천 강령이다.

无论何时,都不要放任自己
千万别在毫无价值的事情上消磨
那是睁只眼闭只眼的放任,就是恶德
也是让人生蒙罪的事儿

最珍惜的莫过于自己
所以要毫不犹豫地
把更多时间留给自己
那就是每天最重要的
生活的命题及纲领。

K문학의 숨은 전달자
결혼이주여성,

기획·책임 감수 ●────────────────

박지영(朴池英) 한국외국어대학교 통번역대학원 한중과를 졸업한 뒤, 7년간 이주민으로서 타지에서 생활했다. 귀국 후 결혼이주여성의 통·번역 역량강화 강사로서 전국의 결혼이주여성들을 만나 왔다. 그 과정에서 마주한 그들의 열정과 가능성에 깊이 매료되어 한국 사회에서 그들이 성공하고 성장하기를 진심으로 응원하고 있다.

한중 번역 참여 ●────────────────

공리연(孔利娟) 공자의 76대 후손으로, 2014년 한국 여행 중 남편을 만나 6개월 간의 연애 끝에 2015년부터 한국에 정착한 결혼이주민. 수원다문화가족지원센터에서 통·번역 활동을 하며 문화 간 소통과 이해를 위해 힘써 왔고, 2022년에는 수원시 모범외국인으로 선정되어 시장상을 받았다.

류정애(柳禎爱) 중국 지린 출신의 결혼이주민으로, 현재 수원시 외국인복지센터에서 사회복지사로 근무하며 이주민을 위한 다양한 통·번역 활동을 하고 있다. 위안부 피해자의 증언을 담은 영화 〈허스토리〉 번역 작업에 참여하며 피해자들의 심정을 가장 잘 담아낼 단어를 찾기 위해 몇 달 밤을 뜬눈으로 지새웠지만 역사적 진실을 널리 알린 것에 대해 큰 보람을 느끼고 있다.

시로 마음을 잇다

마민(马敏) 중국 허베이 출신의 결혼이주민. 친구의 소개로 남편을 만났고, 친정 아버지의 반대를 남편이 서툰 중국어로 설득하며 극복했다. 현재 경희대학교 국제한국언어문화학과 박사과정에 재학 중이며, 통번역과 다문화 교육 분야에서 활동하고 있다. 한중 간 언어와 문화 소통에 관심을 갖고 연구를 이어가고 있다.

박현숙(朴贤淑) 중국 하얼빈 출신으로 일본에서의 긴 유학 생활 후 아버지의 소개로 현재 남편을 만나 한국에 정착해 두 아이를 키우며 안산다문화가족지원센터에서 이중언어코치로 활동 중. 한국 시의 아름다움에 매료되어 나태주 애송시집 번역에 참여했으며, 더 많은 중국어 독자들과 그 감동을 나누고자 한다.

예쑤잉(叶淑英) 중국 청도 출신으로 한국인 남편과 사내 연애하고 2007년 남편 따라 한국에 온 결혼이주민. 수년간 다문화가족센터에서 통·번역 활동 후, 문화 다양성을 존중하고 포용하는 사회적 가치 실현을 위해 다문화 교육기관 도레미 협동조합 이사장으로 활동하고 있다.

허팅팅(何婷婷) 중국 하얼빈 출신으로, 중국에 출장 온 남편과 회사에서 만나 2년간의 연애 끝에 큰 결심을 하고 2011년 한국에 왔다. 현재는 사법 통·번역사로 일하며 남편, 두 아이와 함께 알콩달콩 살아가며 한중 양국의 마음을 잇는 다리가 되기를 소망한다.

중국어로 읽는 나태주 애송시집
나중까지 아주 나중까지
直到后來的后來

초판 발행_ 2025년 9월 3일

지은이_ 나태주
옮긴이_ 박지영 공리연 류정애 마민 박현숙 예쑤잉 허팅팅
펴낸이_ 이순옥
펴낸곳_ 문화의힘
출판등록_ 364-0000117
       주소_ 대전 동구 대전천북로 30-2
       전화_ 042-633-6537 팩스_ 0505-489-6537
       이메일_ mh6537@daum.net
기획 및 책임감수_ 박지영
표지디자인_ 박혜연

ⓒ 시:나태주, 번역:공리연 외 6인 2025

ISBN 979-11-988670-9-4
* 저자와 출판사의 서면 허락 없이 내용의 일부를
  무단 도용하거나 발췌하는 것을 금합니다.
* 잘못된 책은 구입하신 곳에서 교환해 드립니다.
값 18,000원